SUTTON
VERLAG

Die Wendezeit aus der Sicht der Bautzener Fotografin Carmen Schumann, 1990

WENDEZEITEN

BAUTZEN

Carmen Schumann

SUTTON VERLAG

Am 3. Mai 1990 trafen sich beim „Talk im Theater“ Vertreter von Parteien und Gruppierungen im Deutsch-Sorbischen Volkstheater Bautzen, um über Verbesserungen im Kulturleben zu beraten. Mit dabei war auch der spätere Oberbürgermeister Christian Schramm (2.v.l.).

Sutton Verlag GmbH
Hochheimer Straße 59
99094 Erfurt
www.suttonverlag.de

ISBN: 978-3-86680-570-5
Druck: Books on Demand GmbH, Norderstedt, Deutschland

Inhaltsverzeichnis

Danksagung

Die Zahl der Fotografen, die die Wendezeit in Bautzen festhielten, ist überschaubar. Gerade in den Herbsttagen 1989 war es noch ein Risiko, sich mit der Kamera auf die Straße zu wagen. Vor 20 Jahren war das Fotografieren noch kein Massenphänomen. Zu den etablierten Bautzener Fotografen wie Rolf Dvoracek, Jürgen Matschie, Miroslaw Nowotny und Matthias Bulang gesellte ich mich in den Jahren 1989 bis 1993, die in diesem Band eine Rolle spielen, als Amateurfotografin. Spontan hielt ich die ersten Demonstrationen in der Spreestadt fest, besuchte Versammlungen und Talkrunden, richtete meine Kamera auf die Randerscheinungen des ersten Wahlkampfes, beobachtete den Einzug der Marktwirtschaft und das Aufblühen meiner Heimatstadt. Ein Teil der dabei entstandenen Fotos war im Winter 1990/91 unter dem Titel „Zeichen der Wende“ in einer Ausstellung im Bautzener Rathaus und im Frühjahr 1991 in Dreux, der französischen Partnerstadt von Bautzen, zu sehen. Zusammen mit weiteren Bildern aus den ersten Neunzigerjahren nahm das Bautzener Stadtarchiv diese Fotografien in seinen Bestand auf. Heute sind sie eine wertvolle Erinnerung an die bewegten Wendezeiten, die der Ausgangspunkt dafür waren, dass Bautzen heute wieder eine blühende, lebhafte und lebenswerte Stadt ist.

Ich danke den Mitarbeitern des Archivverbundes Bautzen, die die Bilder aufbereitet haben. Insbesondere danke ich der Stadtarchivarin Silke Kosbab, die mich bestärkt hat, dieses Buchprojekt in Angriff zu nehmen und die mich sehr unterstützt hat. Ich danke meinem Sohn Stefan Schumann, der in der Wendezeit gerade drei Jahre alt war und der mich bei der Auswahl der Bilder und in technischen Fragen beraten hat. Danken möchte ich außerdem dem Bautzener Fotografen Jürgen Matschie, der mir als Leiter des in den Achtzigerjahren aktiven Fotoclubs Bautzen ein Vorbild war. Ich gedenke ferner des Arbeiterfotografen Walter Ballhause aus Plauen, der in mir in den Achtzigerjahren die Liebe für das Gegenlicht weckte und mir wertvolle Tipps für die Dunkelkammerarbeit gab.

Carmen Schumann
Bautzen, im Oktober 2009

Vorwort

Die Bautzener Foto-Journalistin Carmen Schumann richtet in diesem Band ihren Blick auf die Wende- und Nachwendezeit 1989 bis 1993. Die in fünf Kapiteln illustrierten Ereignisse folgen im Wesentlichen dem chronologischen Zeitablauf. Die entsprechenden Erklärungen zu den Fotos machen die abgebildeten Sachverhalte verständlich. Beim Leser werden so hoffentlich die Erinnerungen an eigene Erlebnisse geweckt.

Wie in ganz Ostdeutschland waren die Jahre ab 1989 auch in Bautzen von gesellschaftlichen Auseinandersetzungen geprägt. Die politische Wende bewirkte tief greifende Veränderungen in allen Bereichen des Lebens. Die Bautzener erlebten diese Jahre als eine ereignisreiche, mit starken Emotionen verbundene Zeit. Die Umbruchsituation brachte für einen Großteil der Bürger persönliche Veränderungen in ihrem Berufs- und Familienleben. Sie eröffnete aber auch große Chancen. Denn die Wende machte den Weg frei für ein Aufbauwerk, das seinesgleichen sucht. Das, wofür die Bautzener unter anderem im Wendeherbst auf die Straße gegangen waren, nämlich die Sanierung der historischen Altstadt, nahm tatsächlich Gestalt an. Schon sehr zeitig begann man mit der Sanierung der Wasser- und Abwasseranlagen, der Strom- und Fernmeldeleitungen sowie der Straßen – kurz, der gesamten städtischen Infrastruktur. Damit wurden die Voraussetzungen geschaffen für die schrittweise Erneuerung der städtebaulichen Kleinode wie der herrlichen barocken Bürgerhäuser und der das Stadtbild prägenden Profan- und Kirchenbauten. Aufgerissene Straßen und Gerüste an den Häusern waren Anfang der Neunzigerjahre ein alltägliches Bild. Aber auch der Verfall der Altstadt, der Ende der Achtzigerjahre nicht mehr zu übersehen und auch nicht mehr zu vertuschen war, ist in diesem Buch an einigen Beispielen dokumentiert. Für die Bautzener war dies ein richtiges Trauma. Doch die Wende kam für die Rettung der Altstadt gerade noch zur rechten Zeit. Ein Glück für die Bautzener war auch die Hilfe aus den späteren Partnerstädten Heidelberg und Worms. Sie unterstützten den Wiederaufbau mit Material, Ideen und Arbeitskraft. Ein besonderes Kapitel ist im vorliegenden Buch auch dem „wilden" Durchbruch der Marktwirtschaft gewidmet. Heute mag man darüber schmunzeln, wie die ersten Bananen und andere Südfrüchte die Marktplätze eroberten, die erste Videothek öffnete, sich die Läden mit „Westwaren" füllten. Eher mit Unbehagen denken die Bautzener wohl heute daran zurück, dass „Glücksritter" ihnen für eine Handvoll D-Mark oft mit Erfolg ihre Antiquitäten abzuschwatzen versuchten. Auch der Wahlkampf zu den ersten freien Volkskammerwahlen nahm zuweilen skurrile Züge an. Da flogen im wahrsten Sinne des Wortes die Fetzen. Aber schließlich mussten die Bautzener die Demokratie auch erst einüben.

Freilich, alle Aspekte der Wendeereignisse konnten in diesem Buch nicht berücksichtigt werden. Als Noch-nicht-Journalistin und junge Mutter hatte Carmen Schumann zunächst nicht die Möglichkeit, an den Ereignissen in den Bautzener Gefängnissen teilzunehmen. Diese Geschehnisse müssen daher leider ausgeblendet bleiben.

Wenn dieses Buch bewirkt, dass seine Leser die Errungenschaften der letzten zwanzig Jahre noch besser schätzen, dann hat es seinen Zweck erfüllt. Denn so ein Blick zurück kann manchmal auch recht heilsam sein.

Im einstigen Pionierhaus „Ernst Thälmann“, einer ehemaligen Fabrikantenvilla, die ab Frühjahr 1990 Schüler-Freizeitzentrum hieß und heute umfassend saniert wird, sprach im September 1990 der Grafiker Klaus Staeck, der heutige Präsident der Akademie der Künste. Er leistete für die damals bevorstehende Landtagswahl den Bautzener SPD-Genossen Wahlkampfhilfe. Klaus Staeck wurde in der nahe Bautzen gelegenen Stadt Pulsnitz geboren und übersiedelte in seiner Jugend nach Heidelberg.

Im Deutsch-Sorbischen Volkstheater gründete sich am 20. Februar 1990 die Unabhängige Frauen-Initiative Bautzen. Die kleine Paula war eifrig dabei.

1

Bautzen
Das Erbe der DDR

Der katastrophale Zustand der Bautzener Altstadt war einer der Gründe, warum die Bautzener auf die Straße gingen. Ganze Straßenzüge verödeten. Nachts war kaum noch ein erleuchtetes Fenster zu sehen. In Scharen zogen die Bewohner in die Neubaugebiete Gesundbrunnen und Allende-Viertel mit ihren komfortablen Wohnungen. Das wunderbare barocke Erbe bröckelte vor den Augen der Einwohner. In den Schubladen der Behörden lagen bereits Pläne, die Lücken in der Altstadt mit Fertigteil-Gebäuden des Typs WBS 70 zu schließen. Das „Gedächtnis" der Stadt, das Stadtarchiv auf der Ortenburg, befand sich in einem beklagenswerten Zustand. Ungesichert und dem Zugriff von Nässe und Schimmel ausgesetzt gammelten die wertvollen Akten vor sich hin. Schlimm war auch der Zustand der Gewässer.

Der Zustand der Spree am Wehr in der Nähe des Spreebades war symptomatisch für die ökologische Situation in Bautzen. Unkontrollierte Einleitungen von Schmutzwasser aus dem Oberlauf der Spree und fehlende Kläranlagen waren dafür verantwortlich, dass die Spree zu einer stinkenden Kloake geworden war.

Der Blick in die Hohengasse in Richtung Heringstraße ist zwar nach der Wende (1990) aufgenommen, zeigt aber ein Stück morbide Altstadt. So wie hier sah es in weiten Teilen der Altstadt aus.

Ein Blick von der Mönchsgasse zum Burglehn zeigt 1990 ebenfalls allenthalben abbröckelnden Putz.

Am Kindergarten in der Erich-Pfaff-Straße war am 3. Oktober 1989 ein Fenster zu Ehren des 40. Jahrestages der DDR geschmückt. Das Gebäude wurde später wegen Asbestbelastung abgerissen. Heute befindet sich an dieser Stelle das Altenpflegeheim „Paul Gerhardt".

Denkmalwürdig ist dieser alte Schaukasten bestimmt nicht. So wie hier in der Theatergasse herrschte überall Schlendrian und Gleichgültigkeit. Das Gebäude ist mittlerweile saniert und dient als Sitz der Kreissparkasse.

Die einmalige Stuckdecke in der Ortenburg, die in plastischen Bildern die Geschichte der Oberlausitz schildert, musste im Frühjahr 1990 provisorisch abgestützt werden. Der Zustand des Kunstwerkes war wirklich kritisch.

Akten des Stadtarchivs in einem Raum der Ortenburg. Die Außenwand ist verschimmelt, die Heizung schon lange nicht mehr in Betrieb. Eine Akte ist sogar hinter den Heizkörper gerutscht.

Von einer ordnungsgemäßen Lagerung alter Bücher aus dem 18. Jahrhundert kann keine Rede sein.

Bröckelnder Putz, Spinnweben – all das hat den Akten in der Ortenburg mächtig zugesetzt.

Wüst durcheinander liegen Berge von Akten. Ein gut sortiertes Archiv sieht anders aus.

Theaterprogramme, Bilderrahmen, gebündelte Dokumente, kaum einer sah hier noch durch.

Auch dieses wertvolle alte Siegel hätte eine bessere Aufbewahrung verdient. Zwischen den Papieren hat sich deutlich der Dreck von den maroden Wänden eingefressen.

Auch hier ist deutlich zu erkennen, dass die Wände des Stadtarchivs in der Ortenburg verschimmelt sind und sich die Spinnen in den Ecken tummeln.

In diesem Raum in der Ortenburg haben sich durch die Feuchtigkeit bereits die Bretter der Dielung gelöst.

Hier hatte ein Regal wahrscheinlich seinen Geist aufgegeben, sodass die Aktenstapel jetzt auf dem Fußboden liegen mussten.

Das Bautzener Central-Theater in der Lotzestraße/Ecke Tuchmacherstraße spielte sowjetische Filme, für die an der Litfaß-Säule gegenüber geworben wird. In den letzten Jahren der DDR waren diese Streifen ein echter Geheimtipp, standen sie doch im Zeichen von Glasnost und Perestroika.

Blick über die Dächer der Steinstraße in Richtung Neubaugebiet Gesundbrunnen, vom inzwischen abgerissenen Hochhaus aus gesehen. Im Vordergrund ist der Turm der Liebfrauenkirche zu erkennen. Typisch für die damalige Zeit waren die vielen Antennen auf den Dächern.

Noch zu DDR-Zeiten wurde an den Fleischbänken mit dem Bau eines Wohnkomplexes begonnen. Fertiggestellt wurde er erst nach der Wende. Es entstanden komfortable Eigentumswohnungen.

Ein beliebtes Ausflugsziel der Bautzener war der stadtnah gelegene Naturpark mit der gleichnamigen Gaststätte. Doch die Räumlichkeiten hatten auch schon bessere Zeiten gesehen.

Blick von der Großen Brüdergasse in Richtung Fleischmarkt. In den letzten Monaten der DDR wurde hier eine Baulücke geschlossen, die einst der Krieg gerissen hatte.

Hier ist die gleiche Baustelle von der anderen Seite, aus Richtung Fleischmarkt zu sehen.

In der Kurt-Pchalek-Straße wurde 1988/89 eine Baulücke mithilfe von Großplatten geschlossen. Eine Zierde für den Straßenzug waren diese Neubauten nur bedingt.

In der Kesselstraße taten sich in den Achtzigerjahren noch erhebliche Baulücken auf. Eine davon wird hier gerade geschlossen.

Blick in die Baugrube hinter dem Haus der Sorben, die mit einem gesichtslosen Neubau gefüllt wurde.

Von der Ernst-Mucke-Straße ist der an das Haus der Sorben anschließende Neubau gut zu sehen.

Neben dem „Hexenhäuschen“ An der Fischerpforte musste 1989 ein Gründerzeithaus abgerissen werden, nachdem es darin gebrannt hatte.

In der Siebergasse wurde Baufreiheit für einen Lückenbau geschaffen.

2

Die Bautzener gehen auf die Straße

Der erst noch zaghaft und heimlich auf Mauern geschriebene Ruf nach Reformen wurde allmählich immer lauter. Nach dem gewaltsamen Auflösen einer ersten öffentlichen Demonstration am 7. Oktober 1989, dem 40. Jahrestag der DDR, auf dem Postplatz versammelten sich am 16. Oktober erstmals Bautzener vor und in der Maria-Martha-Kirche, um für Reformen zu demonstrieren. Damit war Bautzen die letzte Stadt in der Oberlausitz, die sich der Bürgerrechtsbewegung auch nach außen hin anschloss. Am 3. Dezember reihten sich die Spreestädter in die Menschenkette ein, die sich entlang der Fernverkehrsstraße F 96 von Zittau bis Stralsund durch die damalige DDR zog. Am Tag darauf belagerten sie friedlich mit Kerzen die Stasi-Dienststelle in der Mättigstraße. Wenige Tage später erscholl der Ruf „Rettet unsere Altstadt!“. Im September 1990 wurde gegen den weiteren Ausbau des Militärflugplatzes Bautzen-Litten demonstriert.

Der einstmals als Leiter des Aufbau-Verlages geschasste Walter Janka hielt am 6. Dezember 1989 einen viel beachteten Vortrag im Bautzener Theater.

Auf der Mauer des Betriebsgeländes des Elt-Werkes in der Rosenstraße tauchte am 5. Oktober 1989 die Inschrift „Reformen“ auf. Das Foto wurde heimlich vom Balkon der Fotografin in der Lotzestraße aus geschossen.

Nur wenige Stunden später erschienen Männer, die die Inschrift auf der Mauer eiligst übertünchten. Wer die Schriftzüge angebracht hatte, ist bis heute unbekannt.

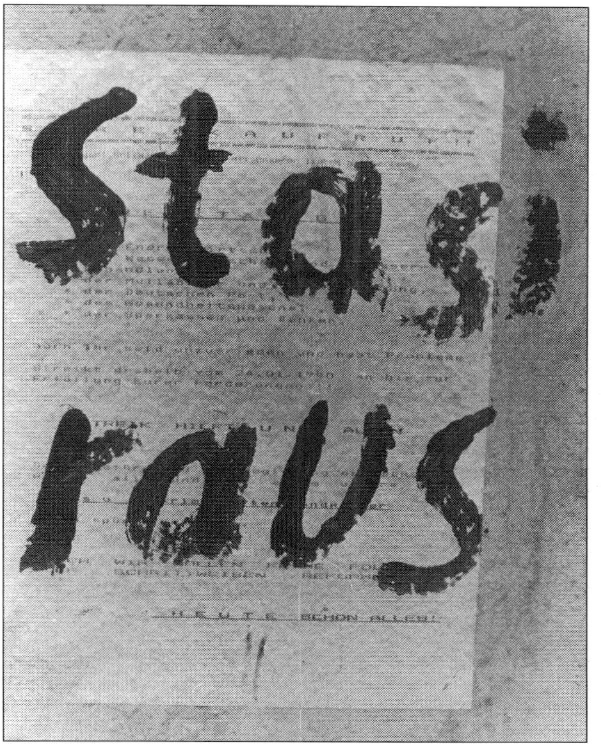

Im März 1990 entstand die Aufnahme dieses Streikaufrufs vom 24. Januar, der mit „Stasi raus“ überschrieben wurde.

Galgenhumor bewiesen die Inhaber dieses Hauses am Taschenberg, die mit diesem Schild darauf aufmerksam machten, dass das Gerüst hier nun schon seit zehn Jahren steht.

Bei der ersten Montagsdemonstration am 6. November wurden Plakate hochgehalten mit der Forderung, das Neue Forum zuzulassen.

An der Menschenkette entlang der F 96 beteiligten sich auch tausende Bautzener wie hier auf der Friedensbrücke. Das Neue Forum und die Kirchen hatten dazu aufgerufen.

Zu Beginn der Menschenkette am 3. Dezember läuteten um 12 Uhr die Glocken. Autofahrer solidarisierten sich mit Hupkonzerten. Um 12.15 Uhr löste sich die Kette friedlich auf.

Friedliche Mahnwache vor der Stasi-Dienststelle am 4. Dezember. Die Demonstranten stellten ihre bei der Montagsdemo mitgeführten Kerzen vor dem Gebäude ab.

Während die Demonstranten bei der Mahnwache vor dem Sitz der Stasi deren Abschaffung forderten, haderten im Inneren die Bediensteten mit ihrem Schicksal, denn sie fühlten sich von ihren Vorgesetzten im Stich gelassen.

Bei den Demonstrationen im November bekannten sich die Bautzener noch dazu, hier bleiben zu wollen. Und es wurde die Forderung erhoben: „Wir arbeiten und wollen nicht als Bettler reisen".

Bei der Mahnwache am 16. November 1989 vor der SED-Kreisleitung wurde Egon Krenz attackiert: „Chinalob und Wahlbetrug – Egon, das ist uns genug“.

Die Menschenkette am 3. Dezember 1989 wurde zwischen Rascha südlich von Bautzen und Kleinwelka nördlich der Kreisstadt durchgängig mit Teilnehmern „bestückt“.

Am 5. April 1990 fand eine Protestkundgebung des Freien Deutschen Gewerkschaftsbundes (FDGB) vor Werktätigen auf dem Bautzener Hauptmarkt statt.

Bei der Protestkundgebung auf dem Hauptmarkt ging es um die Währungsumstellung 1:1 und um den Erhalt und die Sicherung von Arbeitsplätzen.

Mit einer Blockade der F6 in Höhe des Platzes der Roten Armee (heute wieder Kornmarkt) protestierten die Bautzener am 30. September 1990 gegen die Übergabe des Flugplatzes Litten an die Nato. Vorausgegangen war eine Umfrage der „Sächsischen Zeitung", bei der sich 71 Prozent für einen sofortigen Baustopp ausgesprochen hatten.

Bei der Protestkundgebung am 30. September 1990 artikulierten die Bürger ihre Forderung nach einer zivilen Nutzung des Flugplatzes Litten mittels eines Banners am Geländer des inzwischen abgerissenen Hochhauses.

Zwei Jungen demonstrierten mit selbst gebastelten Plakaten vor dem Reichenturm gegen Militärflugzeuge auf dem Littener Flugplatz.

Ein Redner sprach sich vor dem Hochhaus gegen die militärische Nutzung des Flugplatzes aus. In den vorangegangenen Monaten hatten auch schon die Einwohner der umliegenden Dörfer gegen einen weiteren Ausbau und die militärische Nutzung von Litten protestiert.

3

Bautzen im Wahlkampf-Fieber

Nachdem sich am 28. Januar 1990 der damalige Ministerpräsident Hans Modrow mit dem Runden Tisch auf den 18. März 1990 als Termin für die ersten freien Volkskammerwahlen geeinigt hatte, fand auch in Bautzen erstmals Wahlkampf statt. Der äußerte sich zum einen in Wahlkampf-Veranstaltungen, bei denen Prominente ihre jeweiligen Bautzener Parteifreunde unterstützten, zum anderen aber auch in einem zuweilen recht wüsten Straßen-Wahlkampf. Vehement wurden Plakate des Gegners abgerissen, übermalt oder mit Sprüchen versehen. Als dann am Abend des 18. März 1990 die Stimmen ausgezählt wurden, konnte man zum einen eine sehr hohe Wahlbeteiligung konstatieren, zum anderen aber auch eine überwältigende Mehrheit für die Allianz für Deutschland. Die Bürgerrechtler gingen leer aus. Offensichtlich hatten auch die Bautzener denjenigen mehr Glauben geschenkt, die mit der schnellen Einführung der D-Mark gelockt hatten.

In trauter Zweisamkeit präsentierte sich auf einer Litfaß-Säule der CDU-Kandidat Lothar de Maizière mit einem rassigen Stubentiger.

Die wundersame Verwandlung eines Wahlplakats der CDJ (Christlich Demokratische Jugend. Fotografiert am 13. März 1990.

Am 15. März 1990 war das Plakat überklebt durch ein Plakat der Allianz für Deutschland.

Am 17. März sind nur noch die Reste des Plakats übrig.

An der Litfaß-Säule in der damaligen Ernst-Thälmann-Straße, der heutigen Bahnhofstraße, hatten sich die Wahlkämpfer so richtig ausgetobt.

Am 10. März 1990 fand im Kino eine Wahlkundgebung der PDS statt. Der Sorbe Sieghard Kosel (l.) forderte, dass erhaltenswerte Elemente der DDR im wiedervereinigten Deutschland ihren Platz finden. Der Pressesprecher der Generalstaatsanwaltschaft Dr. Peter Przybilski (Mitte) sprach sich für den viel zitierten „dritten Weg" aus. Der Spitzenkandidat der PDS Prof. Dr. Helmar Hegewald (rechts) forderte eine neue Energie- und Umweltpolitik.

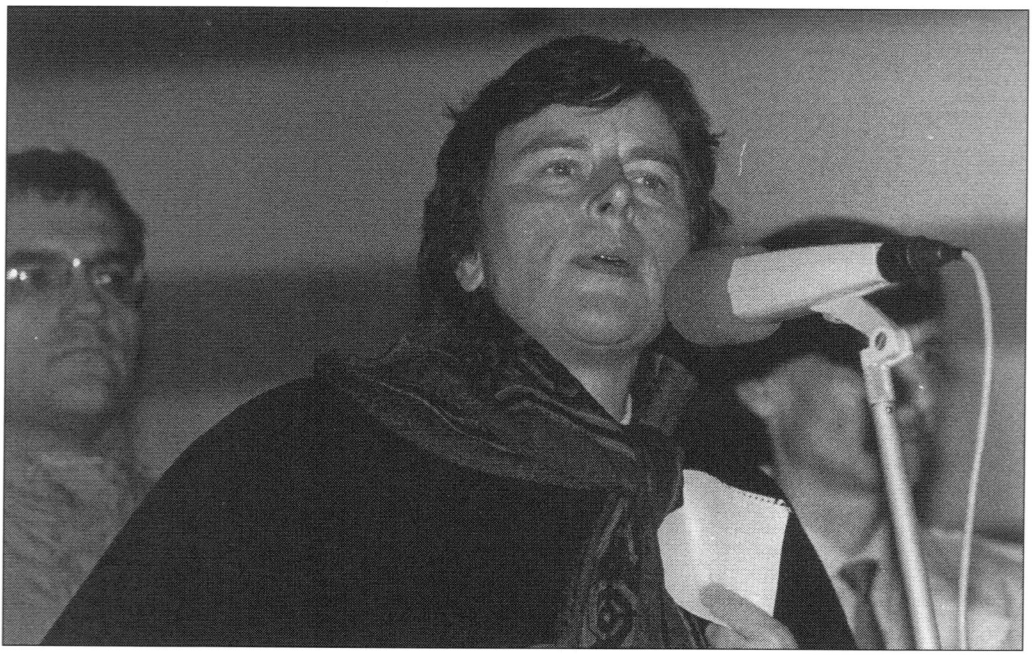

Am 11. März sprach die Bundesgeschäftsführerin der SPD Anke Fuchs auf einer Wahlkundgebung in der Aula der Schiller-Schule vor rund 300 Personen. Sie plädierte für eine Wiedervereinigung und formulierte die Wahlkampfziele der SPD.

Am 15. März fand eine der eher seltenen Wahlkampfveranstaltungen des Bündnis 90 statt. Dazu hatte das Neue Forum die Spitzenkandidaten des Bezirkes, Dr. Wolfgang Ullmann und die später tödlich verunglückte Ilse Nirade (ganz rechts), nach Bautzen geholt. Die Veranstaltung fand im Kolpinghaus statt.

Der Schriftsteller Günter Grass, der auf Einladung der SPD am 28. Februar 1990 nach Bautzen kam, gab zusammen mit dem Dresdner Musiker Günter Sommer ein Programm im Bautzener Kino, bei dem er aus seinen Büchern „Die Blechtrommel", „Hundejahre" und „Die Rättin" las. Grass plädierte in seiner kurzen Rede für eine Konföderation der beiden deutschen Staaten. Anschließend signierte er seine Bücher und kam mit Bautzenern ins Gespräch.

Im April 1990 wurde diese Zeitungsleserin auf dem Bautzener Hauptmarkt fotografiert. Thema des Artikels ist die Währungsumstellung: „1:1 vorher, 2:1 nachher, das ist Wahlbetrug“.

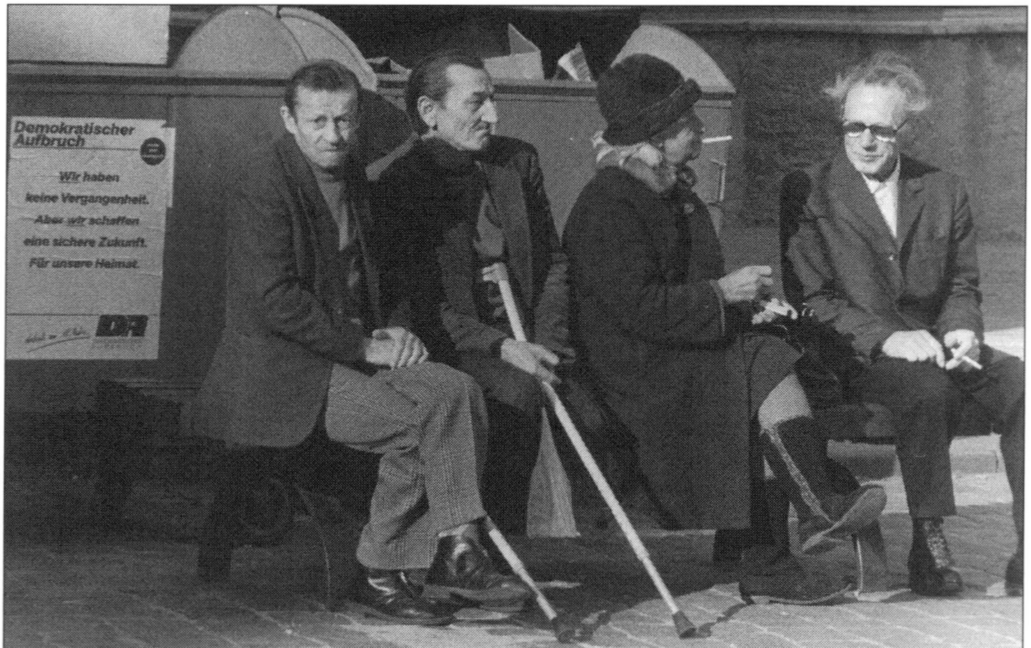

Demokratischer Aufbruch sieht anders aus. Diese Rentner saßen neben Mülltonnen und blickten recht skeptisch drein. Fotografiert am 12. März 1990.

Die DSU warb ausgerechnet auf einem Schild „Verbotene Einfahrt“ für ihren Slogan „Freiheit statt Sozialismus“.

„Wahlkämpfer“ hatten ein Plakat des Demokratischen Aufbruchs mit dem Porträt des später als Stasi-Spitzel enttarnten Spitzenkandidaten Wolfgang Schnur beschmiert.

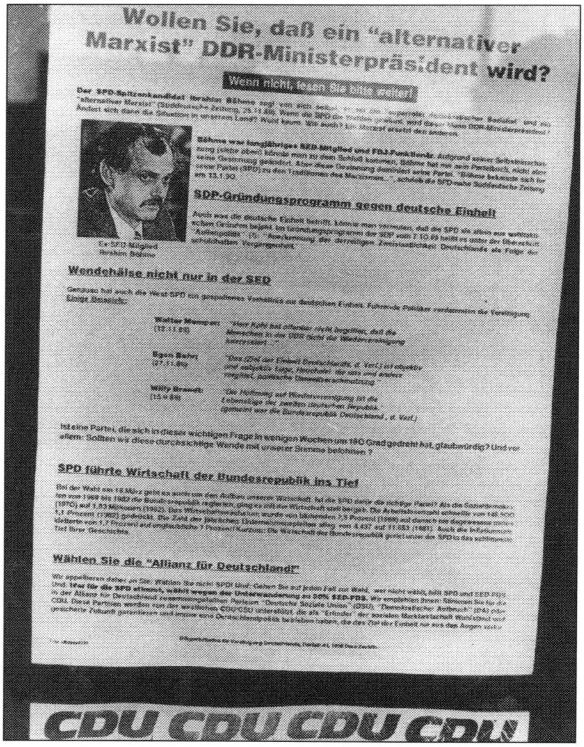

Das Wahlplakat der Bürgerinitiative für die Vereinigung Deutschlands warnte u. a. vor Ibrahim Böhme als neuem DDR-Ministerpräsidenten. Im März 1990 tauchten dann Akten des Ministeriums für Staatssicherheit auf, die auf eine Zuordnung Böhmes zu einem dort seit 1968 geführten IM „Maximilian" hinweisen.

Bereits im November 1989 hatte dieser Autofahrer durch Abkleben der Buchstaben D und R bekundet, wo die Reise hingehen sollte: zur Wiedervereinigung.

Verschandelte Wahlplakate für die SPD-Kandidatin Anke Fuchs auf dem Platz der Roten Armee, der später wieder in Kornmarkt umbenannt wurde.

Wahlhelfer schütteten eine Wahlurne der Volkskammerwahl am 18. März 1990 im Wahllokal Elt-Werk an der Rosenstraße aus.

Auf dem Betriebsgelände des Elt-Werkes an der Ecke Rosenstraße/Lotzestraße warb im Januar 1990 ein Plakat mit der Parole: „Einigkeit und Recht und Freiheit für das deutsche Vaterland“.

Am Tag der Wiedervereinigung, dem 3. Oktober 1990 war im Fußgängertunnel an der Karl-Marx-Straße die Schmiererei „Hier ist Deutschland“, „Links tut gut“, „Nazis raus“ zu lesen.

4

Die Marktwirtschaft hält Einzug

Schon lange vor dem Einzug der D-Mark am 1. Juli 1990 entfaltete sich in Bautzen ein reges Markttreiben. Begeistert begrüßte man die „ersten Bananen". Sie wurden den Händlern auf den öffentlichen Plätzen förmlich aus den Händen gerissen. Erzeugnisse, die früher kaum in den sogenannten Delikat-Läden erhältlich waren, wurden jetzt frei angeboten, man denke nur an den legendären Räucher-Aal. Bis dahin unbekannte Begleiterscheinungen der freien Marktwirtschaft wie Marktschreier tauchten erstmals auf. „Glücksritter" winkten mit harter D-Mark, um dafür Antiquitäten von Omas Dachboden einzusammeln. Eifrig trugen Bautzener Werbeaufkleber mit sich herum in der Hoffnung, bei Glücksspielchen etwas zu gewinnen. Banken und Sparkassen entstanden oder profilierten sich neu. Großkonzerne wie Bertelsmann kamen mit fahrbaren Verkaufsstellen. In normale HO- und Konsum-Geschäfte zogen die ersten „Westwaren" ein.

Bereits im Mai 1990 warb ein Geschäft auf der Goschwitzstraße mit Räucheraal – einer bis dahin kaum erhältlichen Delikatesse.

Im August 1990 hatte die Bautzener Sparkasse am Platz der Roten Armee – heute Kornmarkt – bereits das westdeutsche Logo der Sparkassen übernommen.

So schnell kann es gehen: Die Bank für Handwerk und Gewerbe auf der Goschwitzstraße erhielt ab dem 18. April 1990 den Namen Volksbank Bautzen e. G. Das neue Schild wurde am 29. April einfach über alte Parolen zur Volkswirtschaft montiert.

Im Juni 1990 fand auf dem Platz des Friedens, der heute wieder Schützenplatz heißt, eine erste deutsch-deutsche Verkaufsmesse statt. Sozusagen als ein Vorläufer der Bautzener Unternehmertage, die heute regelmäßig alljährlich im September an gleicher Stelle stattfinden.

Die Bautzener Brauerei bot ihre Erzeugnisse im August 1990 in einem Imbiss-Stand an.

Am 25. Mai 1990 waren erstmals Marktschreier in Bautzen. Vor dem Restaurant „Lubin“ bot ein holländischer Händler Grünpflanzen feil.

Die begehrten Südfrüchte wurden am 20. April 1990 vor dem Reichenturm verkauft.

Abgesang auf die DDR: Beim Markttag am 6. August 1990 zeigte ein Mann eine DDR-Fahne mit Trauerflor.

Ebenfalls am 6. August 1990 fotografiert: Ob diese Markenturnschuhe wohl echt waren?

Hurra, die Bananen sind da! Dieser Händler verschwand im März 1990 beim Markttag fast in einem Wust von Bananenkisten.

Die Schattenseiten der Marktwirtschaft: Müllberge gaben einen kleinen Vorgeschmack auf das, was noch kommen sollte. Aber immerhin: Das erste „Westbier“ war auch schon da.

Am Tag nach der Einführung der D-Mark wurde diese Rentnerin fotografiert, die auf ihrem Dederonbeutel einen Aufkleber trug mit der Aufschrift „Oh frische Bohnen“. Sie hoffte wohl auf einen Gewinn bei der Tchibo-Aktion.

Am 30. Juli 1990 bildete sich eine lange Schlange vor einem neu eröffneten Lebensmittelgeschäft in der Schulstraße. Heute befindet sich dort ein Lampenladen.

Am 6. März 1990 wurde dieser zur Verschrottung abgestellte Trabant mit Werbeaufklebern fotografiert.

Im September 1990 machte ein fahrbarer Buchladen des Bertelsmann-Clubs auf dem Postplatz Station, um Kunden zu werben.

Vor dem Bertelsmann-Bücherwagen am Postplatz stand eine Mülltonne mit Überresten der Wahlwerbung.

Am 3. Oktober 1990, dem Tag der Deutschen Einheit, wurde diese Mülltonne mit dem Aufkleber „Ausverkauf“ fotografiert. Ein ziemlicher „Ausverkauf“ der DDR hat dann auch stattgefunden.

Im Juni 1990 entstand diese Aufnahme eines Schaufensters von einem Süßwarenladen am Hauptmarkt. Preisgünstig wurde hier DDR-Ware verhökert.

Im Sommer 1990 belagerten holländische Händler Bautzens Straßen, um günstig Antiquitäten aufkaufen zu können. Manch einer hat sich später drüber geärgert, die guten Stücke aus Uromas Zeiten für „einen Apfel und ein Ei“ abgegeben zu haben.

Am 20. Mai 1990 eröffnete im sogenannten Handtuchhaus am Hauptmarkt die erste Videothek in Bautzen. Heute ist dort ein Restaurant untergebracht.

Auch auf Orden und Militaria aus der DDR hatten Aufkäufer im Sommer 1990 ihr Augenmerk gerichtet, hier auf dem Platz der Roten Armee.

Etwas konfus wirkte diese Werbung auf dem Schaufenster des Textilhauses Kutter in der Reichenstraße. Ein Schelm, wer Arges dabei denkt.

Allerorten öffneten im Sommer 1990 in Bautzen Imbiss-Stände, wo unter anderem die begehrte Coca-Cola verkauft wurde.

Auf dem Hauptmarkt wurden die „Westwaren“ gleich aus den Kisten verkauft. Mit solch einem Anblick endet dann der Markttag.

An der Ecke Löbauer Straße/Wallstraße eröffnete im September 1990 der Imbiss-Stand „Heiße Kiste“.

Das Hochhaus am Platz der Roten Armee, später Kornmarkt, spiegelt sich in einer Autoscheibe.

Am 28. Mai 1990 wurde dieses ausländische Paar fotografiert, das auf dem Platz vor dem Stadtmuseum Textilien verhökerte.

Vom Rathausturm warf die Fotografin am 6. August 1990 einen Blick auf das Marktgeschehen auf dem Hauptmarkt.

Ein Blick in die Schaufenster des Kaufhauses Magnet in der Theatergasse verrät: Hier konnte man schon im Juni 1990 ein Schnäppchen machen.

Vom 30. September 1990 stammt die Aufnahme dieses Schildes in der Drogerie am Reichenturm. Hier wurden am 1. und 2. Oktober Böller für den Tag der Deutschen Einheit verkauft.

In einem Lebensmittelgeschäft auf der Reichenstraße hielten am 30. Juni 1990 die lang ersehnten „Westwaren“ Einzug.

5

Bautzen blüht auf

In den Neunzigerjahren begann in Bautzen eine rege Bautätigkeit. Zunächst wurden neue Wasser- und Abwasserleitungen, ELT- und Fernmeldekabel verlegt und die Straßen asphaltiert, sodass anschließend auch die vielen wertvollen Altstadtgebäude saniert werden konnten. Haus für Haus erhielt die historische Innenstadt ihre alte Pracht zurück. Auch die Türme und öffentliche Gebäude wie die Ortenburg wurden restauriert. Es entstanden Tankstellen und andere Zweckbauten. Die Stadt gewann eine Attraktivität und Ausstrahlung, wie sie sie wohl noch nie in ihrer 1000-jährigen Geschichte besessen hatte. Die Partnerstädte Heidelberg und Worms griffen den Bautzenern helfend unter die Arme. Aus den Städtepartnerschaften gingen viele Freundschaften zwischen den Bürgern, aber auch zwischen Vereinen hervor.

Die Ortenburg, einst Sitz der Verwaltung der Oberlausitz, heute Sitz des Sächsischen Oberverwaltungsgerichtes, wurde 1990 bis 1991 äußerlich saniert.

Im Mai 1992 konnte als eines der ersten restaurierten Altstadthäuser das Gebäude Heringstraße 4 eingeweiht werden. Es erhielt den Namen Heidelberghaus, da die Partnerstadt in Baden-Württemberg mit Baumaterial beim Aufbau half.

In der Buchhandlung Kretschmar in der Steinstraße war 1990 eine kleine Ausstellung über die zweite Partnerstadt Worms zu sehen.

1992 wurde vom Heidelberghaus aus die südliche Häuserzeile der Heringstraße fotografiert.

Am 2. März 1990 stellte sich die Zeitung „Nibelungen Kurier“ aus der Partnerstadt Worms den Bautzenern vor.

1990 zeigte sich der Lauenturm zwecks Sanierung eingerüstet.

1992 wurden auch der Wendische Turm und die Semper-Kaserne am Wendischen Graben saniert. Hier zog dann das Finanzamt ein.

1992 erhielt der schiefe Reichenturm, eines der Bautzener Wahrzeichen, eine Frischekur.

Die Ortenburg während der Sanierung der Außenhülle und der Renaissance-Giebel in den Jahren 1990/91.

1993 wurde die Schlossschänke am Burgplatz saniert. Das historische Gasthaus war in einem sehr schlechten Zustand.

1990 wurden am Burglehn die ersten Abwasserleitungen verlegt.

Ein Gully ragte an der Mönchskirche in der Nähe des Burglehns aus der Erde und kündete von erfolgreich verlaufenem Abwasserleitungsbau.

1993 begann man in der Siebergasse mit einem Neubau, der aber nie vollendet wurde und noch heute als Investruine dasteht.

Bei den Bauarbeiten im Herbst 1993 an der Mönchsgasse 7 entstand dieser interessante Blick auf die Michaeliskirche.

Blick vom Burglehn auf den Wasserturm, 1993. Hier war ein baufälliges Haus abgerissen worden. Heute befindet sich an der Stelle ein Parkplatz.

Bereits 1989 wurde das „Hexenhäuschen“ an der Fischerpforte in Ordnung gebracht.

1993 entstand in der Fischergasse unterhalb der Friedensbrücke ein neues Haus.

Im Winter 1993 wurde in der Schülerstraße das Abwasser-Kanalsystem erneuert.

In der Schülerstraße wurde 1993 ein Haus saniert und ein neues gebaut.

Von einem Riesenrad aus bot sich 1992 dieser Blick vom Schützenplatz auf die Innenstadt mit dem eingerüsteten Reichenturm und dem damals noch vorhandenen Hochhaus.

1992 befanden sich die Gebäude in der Großen Brüdergasse noch in einem beklagenswerten Zustand. Doch erste Sicherungsarbeiten waren bereits im Gange.

Das Eckhaus Rosenstraße/Kurt-Pchalek-Straße vor der Sanierung.

Das gleiche Haus nach der Sanierung, 1992.

In der Nähe des Nikolaiturmes baute man 1991 in der Fleischergasse ein neues Haus.

1993 wurde in der Seminarstraße das Behindertenwohnhaus saniert. Zu sehen sind auch das Schiller-Gymnasium und das Theater.

Die Steinstraße – Bautzens erste gepflasterte Straße – verlor 1992 die Pflastersteine, die ihr im 14. Jahrhundert den Namen gaben. Doch als Bestandteil der Bundesstraße 6 brauchte die Straße eine ordentliche Asphaltdecke.

Im Zuge des Straßenbaus 1992 in der Steinstraße wurden auch die Fußwege erneuert.

Die Jahn-Turnhalle in der Steinstraße erfuhr 1992 ebenfalls eine gründliche Sanierung.

Nach der Sanierung erstrahlte die altehrwürdige Jahn-Turnhalle wieder im neuen Glanz.

Aktivisten des Neuen Forums brachten 1990 am Eckhaus Lotzestraße/Steinstraße ein Transparent an: „Dieses Haus ist noch zu retten!".

1992 ist das Eckhaus aus der Gründerzeit tatsächlich gerettet und wieder ein Schmuckstück geworden.

1992 wurde die Neugasse, eine Seitenstraße der Steinstraße, zwecks Medienverlegung aufgerissen.

Blick im Jahre 1992 von der aufgerissenen Steinstraße in Richtung Liebfrauenkirche und Reichenturm.

Hier geht der Blick im Jahre 1992 von der Töpferstraße zum eingerüsteten Finanzamt.

Die Kreuzung an der Ingenieurschule, heute Berufsakademie, wurde 1991 erneuert.

Die Reste der äußeren Stadtmauer in der Nähe des Holzmarktes sanierte man 1991.

1991 wurden im Zuge des Ausbaus der Ingenieurschul-Kreuzung in der Wallstraße Wasserleitungen verlegt. Links ist der Jugendstil-Zaun der Villa Weigang zu erkennen.

1993 errichtete man am Ufer der Talsperre Bautzen das „Spreehotel“ .

Die Aufnahme zeigt den Bau der Außenanlagen des neu errichteten „Spreehotels“.

Am 21. Mai 1990 tauchte in einem Zimmer der Villa Weigang diese Losung zum FDJ-Aufgebot „DDR 40“ auf.

Vor der umfassenden Sanierung der Villa des Fabrikbesitzers Weigang fanden dort zahlreiche öffentliche Veranstaltungen statt. Heute wird das Haus für private Veranstaltungen vermietet.

Wie hier auf dem Schülerturm waren 1990 allerorten Satelliten-Schüsseln zum Fernsehemfang an den Häusern zu sehen.

Recht trostlos sah im Jahre 1991 noch der Platz der Roten Armee mit der Einmündung des Fußgängertunnels aus. Mittlerweile steht hier ein Neubau der Dresdener Bank.

Das Hochhaus trug ein Straßenschild mit dem Namen Kornmarkt, auch in sorbischer Sprache. Zu DDR-Zeiten hieß er Platz der Roten Armee.

Das Thälmann-Denkmal in den Schilleranlagen diente 1991 einer künstlerischen Installation der Gruppe „Riefenstahl“, bevor es in ein Depot wanderte.

1990 wurden an der Mauerkrone der Nikolaikirchenruine Sicherungsarbeiten ausgeführt.

1993 drehten sich auch in der Goschwitzstraße erste Baukräne.

Diese ruinösen Gebäude in der Hinteren Reichenstraße wurden 1992 abgerissen.

Bereits 1991 entstand in der Dresdener Straße die erste neue Tankstelle der Marke BP. Bis dahin hatte es in Bautzen nur sehr wenige Tankstellen gegeben.

Am 4. August 1990 sendete Radio Tele Bautzen zum ersten Mal aus dem Neubaugebiet Gesundbrunnen.

In Teichnitz entstanden Anfang der Neunzigerjahre diese neuen Einfamilienhäuser mit Blick auf die Bautzener Altstadt.

In einem einstmals völlig verwahrlosten Haus in der Mühltorgasse richtete die Künstlerin Elisabeth Mihan eine kleine Galerie ein, die heute nicht mehr besteht.

1992 begann die Sanierung des Gersdorff'schen Palais' am Burgplatz. Seitdem beherbergte das prächtige Gebäude verschiedene Gaststätten.

1991 wurde das Barockhaus Hauptmarkt 8 eingerüstet und saniert.

1993 restaurierte man das Hotel „Goldener Adler". Es ist seitdem wieder eines der ersten Häuser am Platze.

Blick aus der Vogelperspektive im Jahre 1992 über den Burgplatz. In der Mitte ist das Haus des Dachdeckermeisters Uhlig zu sehen. Es war vor der Wende das erste von Privathand sanierte Gebäude in der Altstadt.

1993 wurde das Haus an der Petrikirche 7 von der Telekom vorbildlich saniert.

Abgesang auf die DDR: Nach der Wende landeten viele Devotionalien aus der abgelaufenen Epoche auf Sperrmüllcontainern.

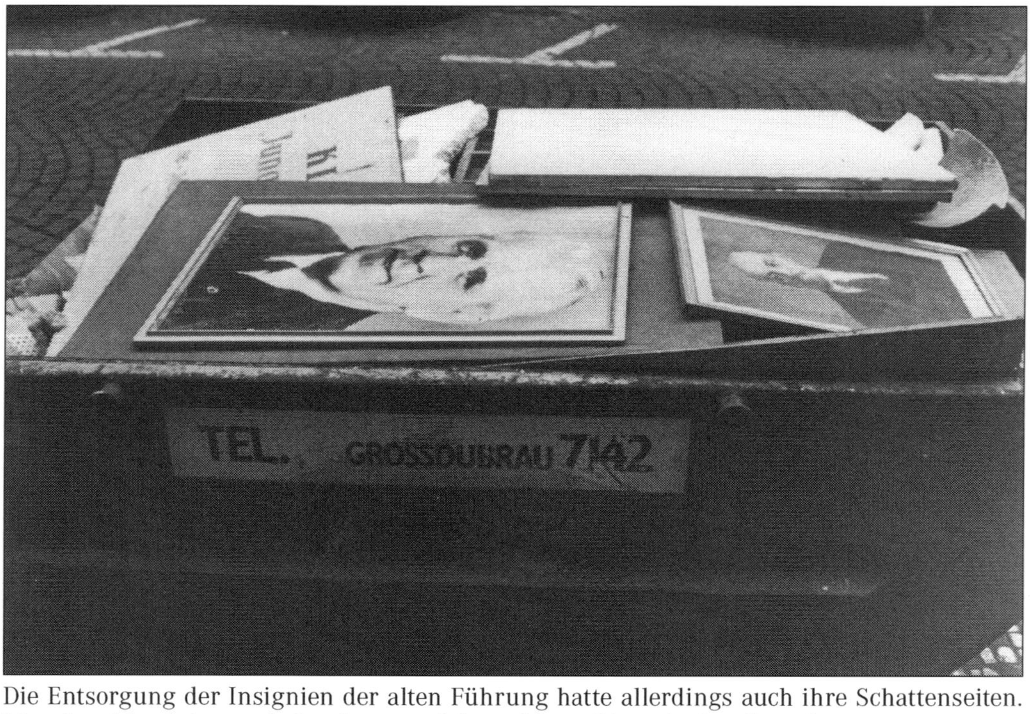

Die Entsorgung der Insignien der alten Führung hatte allerdings auch ihre Schattenseiten. Manchmal landeten auch durchaus noch brauchbare Dinge in den Containern.

Am 10. November 1990 fand auf dem Karnickelberg an der Strafvollzugseinrichtung Bautzen I die Einweihung eines Gedenksteines für die Opfer der Speziallager statt.

Stacheldraht und Wachturm an der Strafvollzugsanstalt Bautzen I erinnern mahnend an die unrühmliche Vergangenheit der Bautzener Gefängnisse.

Kurzchronik der Wende-Ereignisse

1989

September — Nach dem Bekanntwerden des Aufrufs „Aufbruch 89 – Neues Forum“ treffen sich erste lose Gruppen im weiteren Umfeld der Kirche in Bautzen und bilden eine Initiativgruppe des Neuen Forums, die Ende September den Kontakt zu anderen Gruppen, vor allem nach Zittau aufnimmt.

7. Oktober — Am Abend des Republikgeburtstages kommt es auf dem Postplatz zu einer friedlichen Versammlung, die durch Sicherheitskräfte aufgelöst wird. Dabei werden Personen verhaftet. Demonstranten aus Dresden werden in die Strafanstalt Bautzen I überführt.

16. Oktober — Das öffentliche Schweigen hat ein Ende. In den Abendstunden versammeln sich die ersten Bautzener vor und in der Maria-Martha-Kirche zur Andacht. Daraus bildet sich die erste Kundgebung für Reformen in Bautzen. Es wird zur Mitarbeit im Neuen Forum aufgerufen.

23. Oktober — In den Abendstunden versammeln sich erneut 500 Bürger vor der Maria-Martha-Kirche, um den begonnenen Dialog fortzusetzen. Weder die Kirche, noch die Bürgerrechtsgruppen hatten eine Fortsetzung geplant. Dennoch öffnet man die Tore. Für sachliche Diskussionen ist es jedoch noch zu früh. Vielmehr lassen viele ihren Emotionen freien Lauf. Am Ende der Veranstaltung bietet Bürgermeister Heinz Wagner dem Neuen Forum Dialoge zur Lage im Kreis an.

27. Oktober — In einer um eine Woche vorgezogenen Stadtverordnetenversammlung signalisieren die Abgeordneten offiziell Gesprächsbereitschaft mit dem Neuen Forum und die Beibehaltung des Dialogs mit der Kirche. Dem Wunsch der Bürger nach einer unabhängigen Untersuchung „angeblicher Übergriffe durch die Staatssicherheitsorgane“ wird stattgegeben.

28. Oktober — Im überfüllten Saal des Hotels „Stadt Bautzen“ findet ein Bürgerforum statt. Der erste Sekretär der SED-Kreisleitung Helmut Mieth muss sich heftige Angriffe gefallen lassen. Ihm wird vorgeworfen, keine konkreten, konstruktiven Vorschläge unterbreiten zu können. In den Gesprächen geht es um den Wahrheits- und Machtanspruch der SED, die Chancengleichheit der Bürgerrechtsbewegungen mit der SED und um grundlegende Veränderungen in Politik und Wirtschaft. Probleme wie der marode Zustand der Bautzener Altstadt, das „Gelbe Elend“ und der zivile Wehrersatzdienst werden ebenso angesprochen.

29. Oktober — Der Rat des Kreises und der Rat der Stadt treten zusammen, um über die Ergebnisse des Bürgerforums zu beraten. Es werden Arbeitsgruppen unter der Leitung der entsprechenden Ratsmitglieder gebildet. In den Abendstunden begeht der erste Sekretär der SED-Kreisleitung mit seiner Dienstwaffe Selbstmord.

30. Oktober Die Bürgeraussprache im Hotel „Stadt Bautzen" wird fortgesetzt. Es erscheinen 1.500 Bürger. Die Tatsache, dass Sekretariatsmitglieder der SED-Kreisleitung Dienstwaffen tragen, löst allgemeine Empörung aus. Nachdem von den Bürgern ein neutraler Moderator gefordert wird, übernimmt Theaterintendant Jörg Liljeberg, zusammen mit dem Aktivisten des Neuen Forums Ullrich Keller, diese Aufgabe. Es wird vorgeschlagen, ein Schreiben an die Regierung zu verfassen, in dem der Nachweis der Staatsfeindlichkeit des Neuen Forums gefordert wird. Andernfalls wollte man die Zulassung des Verbandes erreichen.

5. November Im Deutsch-Sorbischen Volkstheater findet eine weitere Bürgeraussprache mit 500 Teilnehmern statt. Die Teilnehmer verabschieden eine Resolution nach Berlin, in der die Einberufung der Volkskammer und der Regierung gefordert wird. Denn, so der Tenor der Veranstaltung, wegen bestimmter Strukturfragen und Mechanismen seien der Ratsvorsitzende und der Bürgermeister in vielen Fragen des Lebens der Kommune eigentlich machtlos.

6. November Die erste Montagsdemonstration in Bautzen findet statt. Mehrere tausend Bautzener versammeln sich auf dem Hauptmarkt und fordern konkrete Standpunkte der SED-Kreisleitung zu aktuellen Problemen der Stadt. Weitere Forderungen werden auf Transparenten und Spruchbändern formuliert: „Freie Wahlen", „Trennung von Staat und Partei", „Keine Gewalt", „Rechtssicherheit statt Staatssicherheit", „Weg mit Exquisit und Delikat" und anderes.

7. November Im Kolpinghaus gründet sich die Stadtgruppe des Neuen Forums. Es werden sechs Sprecher gewählt und Arbeitsgemeinschaften zu allen Bereichen des kommunalen Lebens gebildet.

9. November Das Neue Forum hält seine erste Vollversammlung ab. Dabei kann die Anmeldung der Vereinigung als Bürgerrechtsbewegung bestätigt werden. Der erste Schritt zur Legalisierung ist damit getan. In einem Positionspapier betrachtet man sich als „Teil der demokratischen Öffentlichkeit der Stadt".

11. November Die Auswirkungen der neuen Reisebestimmungen machen sich in Bautzen bemerkbar. Schon in der Nacht stellen sich Menschen vor der Visastelle der Polizei an. Entgegen der bisherigen bürokratischen Praxis werden Pässe nunmehr sofort ausgestellt. Bis zum 12. November lassen sich so 1.200 Bautzener registrieren.

13. November Es finden sich wieder viele tausend Bürger zur Montagsdemonstration zusammen. Es wird gefordert, die Reformen müssten weitergehen, Reisefreiheit allein sei nicht ausreichend. Der Führungsanspruch der SED wird abgelehnt. Auf den Transparenten heißt es: „Freie unabhängige Gewerkschaften", „Schulfreier Sonnabend" und „SED, das tut weh".

16. November Vor der SED-Kreisleitung findet eine „Willenskundgebung" statt. Die Stimmung unter den Anwesenden ist gemischt. Die Spruchbänder reichen von „Für das Aktionsprogramm der SED" über „Kein Rücktritt ohne Rechenschaft" bis hin zu „Kreisleitung aufwachen". Der neue erste Sekretär der SED-Kreisleitung, Hans-Jürgen Steindl, spricht sich für eine klare Trennung von Staat und Partei aus.

19. November Das Neue Forum veranstaltet eine Kundgebung vor dem Rathaus, um sich den Bautzenern vorzustellen. Es wird die Bildung einer unabhängigen Kommission zur Aufklärung der Vorkommnisse in der Strafvollzugsanstalt Bautzen I sowie der Abbau des Kreis-Parteiapparates gefordert.

20. November Der Bundesvorstand der Domowina veranstaltet eine außerordentliche Sitzung, auf der der Vorschlag, die Domowina in einen freien und unabhängigen Verband zu verwandeln, heftige Diskussionen auslöst. Bei der abendlichen Montagsdemonstration werden ähnliche Forderungen gestellt, wie eine Woche zuvor.

27. November Bei der Montagsdemonstration werden wieder freie Wahlen und die Aufgabe des Führungsanspruchs der SED gefordert. Die NDPD verliest ein Positionspapier, in dem zum Ausdruck gebracht wird, dass in Bautzen immer noch das alte Denken herrscht. Die Reformen müssten schneller und effektiver vorangetrieben werden.

29. November Journalisten der „Sächsischen Zeitung“ besichtigen auf Einladung der Gefängnisleitung die Strafvollzugsanstalt Bautzen II.

30. November In der Strafvollzugsanstalt Bautzen I, dem „Gelben Elend“, machen sich die ersten Anzeichen des Häftlingsstreiks bemerkbar.

3. Dezember Das Neue Forum ruft auf, sich an der landesweiten Menschenkette unter dem Motto „Fasst Euch an – Für Demokratie und Erneuerung unserer Gesellschaft zu beteiligen“. Mit Kerzen und Transparenten stehen Tausende entlang der damaligen F 96. Autofahrer solidarisieren sich mit Hupkonzerten.

4. Dezember In den Morgenstunden werden nach Aussage von Augenzeugen vor der Dienststelle des MfS eilig Akten auf Lkw geladen und fortgeschafft. Der Demonstrationszug am Abend steht unter dem Motto „40 Jahre Korruption – was ist nun des Volkes Lohn?“. Forderungen nach Bestrafung der Schuldigen an der DDR-Misere und nach Wiedervereinigung werden laut. Der Gefängnispfarrer Frieder Wendelin ruft die Demonstranten zur Solidarität mit den streikenden Häftlingen auf. Der Demonstrationszug setzt sich daraufhin in Richtung Bautzen II in Bewegung. Vor der Stasi-Dienststelle wird eine Mahnwache abgehalten.

5. Dezember In den Abendstunden besetzt die Staatsanwaltschaft unter Anwesenheit von Vertretern des Neuen Forums die Stasi-Dienststelle in der Mättigstraße. Hunderte Bürger fordern Einlass, der dann auch gewährt wird. Im Konferenzsaal wird eine Gesprächsrunde organisiert, bei der viele unangenehme Fragen gestellt werden. Einigen der Demonstranten wird erlaubt, mit Häftlingen zu sprechen. Zur restlosen Aufklärung der Vorgänge wird ein Bürgerkomitee ins Leben gerufen. Spät in der Nacht verlassen die letzten Demonstranten das Gebäude.

6. Dezember Vertreter des Neuen Forums, der Presse und der Volkskammerabgeordnete der CDU Dr. Heinz Böhm besuchen die Strafvollzugsanstalt Bautzen II. Das Gefangenenkomitee und die Gefängnisleitung gehen eine Sicherheitspartnerschaft ein. Im Deutsch-Sorbischen Volkstheater liest Walter Janka vor 1.500 Zuhörern aus seinem Buch „Schwierigkeiten mit der Wahrheit“. Der frühere

Leiter des Aufbau-Verlags war unter Ulbricht zwei Jahre in Bautzen inhaftiert.

7. Dezember — In Bautzen II findet die erste öffentliche Pressekonferenz der streikenden Insassen statt. Vertreter des Neuen Forums und der Kirche besuchen erneut das „Gelbe Elend“.

8. Dezember — In der Reihe „Literatur auf der Probebühne“ lesen drei Bautzener Autoren Texte zur Zeit. Neben Benedikt Dyrlich und Falko Ballon liest auch Christian Schramm, der spätere Oberbürgermeister von Bautzen.

11. Dezember — Die Montagsdemonstration steht unter dem Motto „Rettet unsere Altstadt“. Das folgende Forum im Theater zum gleichen Thema ist nur spärlich besucht. Zwischen den Altstadt-Interessengruppen gibt es Unstimmigkeiten.

15. Dezember — Der Runde Tisch konstituiert sich im Kolpinghaus. Er besteht aus je zwei Vertretern der SED/PDS, CDU, DBD, NDPD, LDPD und des Neuen Forums. Im Verlauf des Gesprächs wird auch zwei Vertretern der Domowina das Stimmrecht zugesprochen. Der FDGB erhält nur eine Beobachterrolle. Die Teilnahme von FDJ und NVA wird abgelehnt. Es wird festgelegt, dass der Rat des Kreises und der Rat der Stadt ihre Beschlüsse vor dem Runden Tisch zu rechtfertigen haben.

17. Dezember — Das Neue Forum und weitere Bürgerinitiativen umstellen den Militärflugplatz in Bautzen-Litten, um ihrem Anliegen, einen Baustopp durchzusetzen und die Gelder in zivile Projekte umzuleiten, Nachdruck zu verleihen. Es kommt zu Diskussionen zwischen Demonstranten und NVA-Angehörigen.

19. Dezember — In einem Telefonanruf signalisiert der Bürgermeister von Worms Gernot Fischer die Bereitschaft zu einer Städtepartnerschaft.

20. Dezember — Der sorbische Runde Tisch nimmt seine Arbeit mit ersten Beratungen auf.

23.–26. Dezember — Über die Feiertage nutzen viele Bautzener die Zeit, um nach West-Berlin oder in die BRD zu fahren.

1990

4. Januar — Eine Interessengemeinschaft Altstadt des Kulturbundes nimmt ihre Arbeit auf.

10. Januar — Auf Einladung des Wormser Bürgermeisters besuchen Vertreter von Stadt und Kreis die Stadt Worms.

12. Januar — Der erste Grüne Tisch startet einen Aufruf zur Lösung dringender Umweltprobleme. In dem Aufruf wird festgestellt, dass die staatlichen Stellen überfordert seien und Hilfe aus Gruppen und Bürgerrechtsbewegungen benötigten.

13. Januar — Es konstituiert sich die Gesellschaft für Naturschutz und Umwelt. Sie setzt sich zum Ziel, die künftige Ökologiepolitik im Kreis mitzugestalten.

15. Januar	Am Abend versammeln sich zur bisher größten Montagsdemonstration rund 15.000 Menschen am Hauptmarkt. Man warnt vor Rechts- und Linksradikalismus. Der Zug bewegt sich zur SED-Kreisleitung, wo es zu lautstarken Äußerungen gegen die SED/PDS und für eine friedliche Wiedervereinigung kommt.
21. Januar	Am Nachmittag findet ein von der Interessengemeinschaft Altstadt organisiertes Altstadt-Spektakel statt. Ungefähr 300 Leute ziehen hinter einem Sarg vom Postplatz zur Ortenburg. In einem satirischen Theaterstück wird die Geschichte des historischen Bautzens zwischen 1945 und 1989 dargestellt. Es wird jedoch auch ernsthaft auf den prekären Zustand der Altstadt hingewiesen. Ein Flugblatt „Aufruf an die Bürger der Stadt Bautzen" wird verteilt.
25. Januar	Die Initiativgruppe Demo gibt ihre Auflösung bekannt. Als Grund wird der Beginn des Wahlkampfes genannt.
28. Januar	Im Rathaus finden Informationsveranstaltungen zur Städtepartnerschaft mit Worms für das Bautzener Gewerbe, den Handel und die Kultur statt. Die Einrichtungen erhalten so die Möglichkeit, sich über das Leben im „Westen" zu informieren und Kontakte zu knüpfen.
1. Februar	Die Stadtverordneten fassen den Beschluss, alte Straßennamen wieder herzustellen. Als erstes sind die Umbenennungen der Boleslaw-Bierut-Straße in Löbauer Straße, der Klement-Gottwald-Straße in Neusalzaer Straße, der Dr.-Salvador-Allende-Straße in Auritzer Weg und des Platzes der Roten Armee in Kornmarkt vorgesehen.
3. Februar	Bürgermeister Hans Wagner ruft zur Benutzung der Litfaßsäulen für Wahlplakate auf. Denn Letztere wurden oft an Hauswände und Mauern geklebt.
5. Februar	Rund 400 Bautzener versammeln sich vor dem Theater, um unter dem Motto „Wie weiter mit dem Bautzener Flughafen?" zu demonstrieren.
20. Februar	Im Deutsch-Sorbischen Volkstheater gründet sich als Alternative zum DFD die Unabhängige Frauen-Initiative Bautzen. Ziel ist es, ein soziales Netz für Familien bei der Einführung der Marktwirtschaft zu spannen. Am folgenden Tag stellt sich die Initiative im Theater der Öffentlichkeit vor.
28. Februar	Der Schriftsteller Günter Grass liest auf Einladung der Bautzener SPD im Kino aus seinen Büchern „Die Blechtrommel", „Hundejahre" und „Die Rättin". Er plädiert für einen „dritten Weg", die Konföderation beider deutscher Staaten.
1. März	Als erstes Mitglied des Neuen Forums erhält Hilmar Schmidt ein stimmberechtigtes Mandat im Kreistag.
8. März	Das Pionierhaus „Ernst Thälmann" wird in Schüler- und Freizeitzentrum Bautzen umbenannt.

9. März — In Heidelberg konstituiert sich eine AG Bautzen, die sich besonders dem Ausbau der Kontakte in die DDR widmen will.

11. März — Bei einer Wahlkundgebung der PDS im Kino sprechen der Spitzenkandidat der PDS Prof. Dr. Helmar Hegewald, Dr. Peter Przybilski, Pressesprecher der Generalstaatsanwaltschaft und bekannter Fernsehstaatsanwalt sowie Jurij Gros als Vorsitzender der Domowina und der Journalist Sieghard Kosel. Auf einer Wahlkundgebung der SPD spricht die Bundesgeschäftsführerin Anke Fuchs.

13. März — Der Heidelberger Architekt Henning Danneberg hält vor Vertretern des Rates der Stadt und des Kreises einen Vortrag über die Restaurierung der Heidelberger Altstadt. Aus diesem Vortrag will man sich Anregungen zur Sanierung der Bautzener Altstadt holen.

15. März — Eine Delegation aus Worms besucht Bautzen und übergibt einen Kopierer als Geschenk an die Stadt. Bei einem Rundgang durch die Altstadt wird auch der Domschatz besichtigt. Im Kolpinghaus findet eine der seltenen Wahlkampfveranstaltungen des Bündnis 90 statt. Dort sprechen der Spitzenkandidat des Bezirkes Dr. Wolfgang Ullmann und die später tödlich verunglückte Ilse Nirade.

17. März — In der Maria-Martha-Kirche findet am Vorabend der ersten freien Volkskammerwahl ein ökumenischer Gottesdienst statt.

18. März — Die Wahlbeteiligung bei den Volkskammerwahlen beträgt fast 94 Prozent. Die CDU geht mit fast 55 Prozent der Stimmen als Sieger hervor, die PDS wird zweitstärkste Kraft mit rund 13 Prozent der Stimmen.

(Quelle: „Oktoberrevolution. Bautzen vom Oktober 1989 bis zur Volkskammerwahl am 18. März 1990“ von Ronny Heidenreich, Bautzen, Januar 1999)

Bildnachweis

Alle Bilder: Stadtarchiv Bautzen / Carmen Schumann
Ausnahmen: S. 8 und 88 (Privatarchiv Carmen Schumann)

Die Heimat entdecken!

Von Kiel bis Wien,
von Aachen bis Görlitz:
Entdecken Sie Alltagsgeschichten
aus Ihrer Heimatstadt!

Leben in der Großstadt …

Tauchen Sie ein in das quirlige Großstadtleben vergangener Tage. Spazieren Sie über breite Boulevards und stürzen Sie sich ins Nachtleben. Erkunden Sie ihre Stadt durch die Fensterscheiben einer Straßenbahn oder des ersten Käfers und bewundern Sie prächtig geschmückte Schaufenster.

… und ländliche Idylle

Wie sah das Leben in Ihrer Heimat aus, als die Bauern noch mit Pferden pflügten und jedes Dorf seinen eigenen Schmied hatte, jeder noch jeden kannte und das Leben sich zwischen Kirche, Wirtshaus und Wohnküche abspielte?

www.suttonverlag.de

Erinnerungen an die Schulzeit …

Erinnern Sie sich noch an die Zeiten von Abakus und Schiefertafel, an Klassenausflüge oder den ersten Taschenrechner? Blicken Sie zurück auf große Klassen und gestrenge Schulmeister, entdecken Sie auf Klassenfotos Freunde und Bekannte von früher!

Gesellige Stunden im Verein …

Fußballclub und Schützenverein, Musikkapelle und Gesellenverein: Schauen Sie zurück auf Volksfeste und Turniere, Chorproben oder Prunksitzungen. Erinnern Sie sich an schöne Stunden und das gesellschaftliche Leben in Ihrer Heimat.

… und im Familienkreis

Werfen Sie einen Blick in die Wohnzimmer vergangener Tage und entdecken Sie, wie sich zwischen schweren Eichenmöbeln, Nierentischen und Ikea-Regalen der Alltag verändert hat. Erleben Sie Familienfeiern und Weihnachtsfeste im Wandel der Jahrzehnte mit.

www.suttonverlag.de

FSC
www.fsc.org
MIX
Papier | Fördert gute Waldnutzung
FSC® C083411

Zeitfracht Medien GmbH
Ferdinand-Jühlke-Straße 7
99095 Erfurt, Deutschland
produktsicherheit@kolibri360.de

Druck:
CPI Druckdienstleistungen GmbH
im Auftrag der
Zeitfracht Medien GmbH
Ein Unternehmen der Zeitfracht - Gruppe
Ferdinand-Jühlke-Str. 7
99095 Erfurt